# VITICULTURE
# AMÉRICAINE

Adaptation. — Chlorose. — Floraison
Maladies parasitaires autres que le mildew. — Parallèle entre le Gard
et l'Hérault

PAR

## Mᵐᵉ LOWENHJELM, DUCHESSE DE FITZ-JAMES

MONTPELLIER
IMPRIMERIE CENTRALE DU MIDI
(HAMELIN FRÈRES)

1886

# VITICULTURE

# AMÉRICAINE

# VITICULTURE

# AMÉRICAINE

---

## ADAPTATION

*A place for everything and everything in its place*, ont dit les Anglais (1).

L'adaptation est encore aujourd'hui le point faible de la viticulture américaine. Nous savons seulement, d'une façon générale, qu'il existe entre les différents sols et chaque individualité du genre *vitis* une incompatibilité menant chaque individu de cette tribu à la fertilité ou à la mort.

L'adaptation dépend de tant de facteurs, qu'on ne peut soulever à la fois le coin de tous les voiles cachant à nos yeux ce mystérieux ensemble.

Le tact viticole de ceux qui ont appris la vie au parfum de la vigne en fleur, instinct plutôt que science, peut faire échapper leurs œuvres à la lente mais sévère action de l'adaptation. Leur salut, c'est la greffe profonde qui, employée à temps, peut faire revivre une variété mieux adaptée (2) sur celle que menace la mort.

La liste de proscription s'allonge peu à peu, malgré des excep-

---

(1) Une place pour chaque chose et chaque chose à sa place.
(2) Destinée à s'affranchir.

tions locales ; le Concord comme ses congénères, les Labrusca, est écarté. Le Clinton avance et recule, mais un pas en avant et deux en arrière, ce qui le mènera loin de nous ; sans nier les succès rares, chacun les préfère fréquents ! Asservir l'adaptation à des règles est un rêve, et la tribu des Riparia, à elle seule, offre des exceptions défiant tout système par la multiplicité de ses formes. Le terrain lui-même change à chaque pas, et je voyais hier une vigne bordée d'acacias et entourée de treilles présenter dans la vigne une ligne jaune se prolongeant sur un seul acacia et sur le pied correspondant de la treille ; pour éviter ces surprises, il faudrait dresser mètre par mètre la carte physique et chimique de la couche arable que nous sommes appelés à piocher !

Les habitudes, plutôt que les règles de la grande culture en Amérique, vieillies par l'expérience, ont rendu de grands services à Saint-Bénezet, en couvrant ses plaines de Taylor et ses coteaux d'Herbemont.

Le Jacquez, un nouveau, n'y est arrivé que sur la recommandation de M. Planchon, qui, avec le tact languedocien dont je parlais plus haut, a reconnu un adaptable français dans ce non adapté américain.

Ce qui rend la marche de cette nouvelle science si capricante, c'est la multiplicité des points à considérer, qui, s'entrechoquant ou coïncidant, produisent des contradictions sans nombre ! Ainsi, admettant que nous renoncions à l'adaptation d'impression pour la reprendre sous forme de déduction, nous aurions à considérer, pour ce qui est des conditions de milieu :

1° La nature pour ainsi dire mécanique du sol (légèreté, compacité, profondeur) ;

2° Son état hygrométrique habituel (sécheresse, humidité, saturation) ;

3₀ Sa composition chimique ;

4° Enfin le climat (température, lumière).

Dans le plant lui-même, il y aurait à examiner :

1° Son système radiculaire, sous le rapport :

    *a.* De la texture (dureté, mollesse) ;

    *b.* De la dimension (grosseur, longueur) ;

    *c.* De la forme des racines (simple, ramifiée, à chevelu rare, abondant) ;

    *d.* De la direction (angle qu'elles forment avec la souche).

2° Son système foliacé :

    *a.* Sa couleur ;

    *b.* Sa dimension ;

    *c.* Sa texture ;

    *d.* L'épaisseur des feuilles.

3° L'influence heureuse ou malheureuse du greffage au point de vue :

    *a.* De la soudure et de ses conséquences ;

    *b.* Du changement de système foliacé.

Ces bases d'examen ne sont pas posées ici pour conseiller de s'en servir, mais au contraire pour montrer le dédale dans lequel on se jetterait en cherchant l'adaptation sous cette forme technique plutôt que par les chemins battus de l'expérience et des analogies, plaçant chaque variété dans un milieu, s'il se peut, supérieur à celui dans lequel elle se conduit bien.

Actuellement, c'est la tribu des Riparias qui cause le plus d'inquiétantes surprises, en dehors des terres siliceuses, profondes, naturellement drainées, où leur durée ne fait pas doute. On ne doit planter ces variétés que sélectionnées par élimination naturelle dans des terrains analogues et très-voisins de celui qui doit recevoir la nouvelle plantation. A côté des vétérans (1) ayant fait leurs preuves, il faut placer deux débutants qui ont un grand avenir comme facilité d'adaptation : d'abord l'Othello (produit direct, qui sera l'Aramon américain), ensuite le Rupestris (porte-greffe), superbe en terre profonde, dans sa petite taille, mais se tenant vert et fier sur les coteaux brûlants comme aucun autre plant.

On ne peut blâmer ceux qui font des essais d'adaptation sur le terrain. Passe encore de « planter », mais « essayer » à cet âge ! Ces épreuves de résistance, tout comme la création d'hybrides, supposent une grande foi dans la longévité humaine ! J'ai lu une lettre d'un Allemand, M. Muench, établi depuis soixante ans à Neosho (2) (Texas), qui faisait à l'âge de quatre-vingt-dix ans des hybrides, et comptait vulgariser le Far-west, dont il ne possédait encore qu'un seul exemplaire ! Je sais que ce chercheur est mort peu après la naissance du Far-west, et j'ignore ce qu'est devenu ce dernier.

Quand on veut se livrer aux études de la plante par le sol, il faut chercher la plus rapide solution, quitte à condamner quelques innocents par une épreuve trop dure à leur jeune âge ! Le plus court est de planter ces victimes sur de faibles défoncements, dans des trous à peine suffisants pour contenir leurs racines.

Les variétés qui, soumises à cette épreuve, atteindront, greffées, leur quatrième année, peuvent être considérées comme adaptées au

(1) Taylor, Herbemont, York, Jacquez.
(2) M. G. Ville.

point précis où l'épreuve aura été faite, car cela ne prouve rien dix mètres plus loin, le terrain pouvant ne pas être absolument le même.

J'ai entendu parler d'essais de ce genre faits dans des trous d'un mètre cube ; ceux-là sont complétement illusoires, car ce mètre cube de terre meuble rendra la vie facile à la plante pendant des années, et ne prouve pas plus son adaptation au sol environnant que l'oranger de François 1er (1), vivant depuis quatre cents ans dans une caisse de terreau, ne prouve sa parfaite adaptation au sol du jardin sur lequel cette caisse repose.

Pour en revenir au plant en « essais », sa lutte pour l'adaptation ne commence réellement que le jour où, ayant rempli son mètre cube de terre, il montera à l'assaut de son trou ; c'est alors qu'il vaincra ou périra, et sa cause sera entendue !

Un terrain très-compact reçut en 1881 une plantation de Jacquez, de Riparias et de Viallas ; le terrain était en pente et recevait les infiltrations d'une colline. La sécheresse fut intense l'année de la plantation et la suivante.

Tous les plants souffrirent, beaucoup séchèrent. Parmi les survivants, les Viallas donnaient les plus longues pousses, les Riparias les plus nombreuses reprises, le Jacquez les plus rares réussites, les pousses les plus courtes, mais de beaucoup les plus vertes. La fièvre du Riparia, qui battait alors son plein, empêcha d'ouvrir les yeux à ces indices, d'autant que les chaleurs et les pluies d'août rendaient aux Viallas et aux Riparias leurs teintes normales et la croissance aux Jacquez, ce qui permit au « bayle » d'accuser la « seccaresso », qui a si bon dos.

L'année suivante ramena les mêmes symptômes, principalement sur les Riparias greffés ; l'examen des racines les montra tournant autour de leur trou comme une pelotte de ficelle emprisonnée dans sa boîte ; tandis que celles du Jacquez, formant avec le tronc un angle plus ouvert, s'échappaient en tous sens et même en profondeur. Quant aux Viallas, ils se conduisaient très-mal, surtout au-dessus des infiltrations d'eau ; pourtant ce cépage a une bien bonne réputation.

» On me soupçonne de sévérité pour le Riparia, ce qui ne serait juste ni pour lui, ni pour moi, car il est superbe à St-Bénezet, sans

_______________

(1) L'*Oranger de Versailles* est connu sous le nom de Grand-Bourbon ou de François 1er. Il avait été acquis à la vente des biens du connétable de Bourbon, en 1523, à cause de sa beauté. Après plus de trois cents ans, cet arbre fait encore l'ornement de la célèbre Orangerie de Versailles. Cet oranger avait été semé en 1421 à Pampelune ; il fut transporté à Chantilly, puis à Fontainebleau, et en 1684 à l'Orangerie de Versailles.

toutefois dépasser le Taylor; mais voyons comment il se conduit à quelques kilomètres plus loin, chez mon voisin et très-savant collègue M. Giraud-Teulon, à qui je cède ici la plume :

« Je commence à me familiariser avec la nature de mes différents sols et, malgré les inconnues que renferme encore le problème de l'adaptation, à moins hésiter sur le choix des porte-greffes qui leur conviennent. A cet égard on éprouve bien des surprises, et quelques-unes agréables. Tel plant prôné par de grands maîtres en viticulture ne veut pas pousser dans le terrain que la théorie lui assigne, et se plaît à vivre, au contraire, là où il devrait mourir. C'est évidemment le plant qui se trompe. Néanmoins je replante un assez grand nombre de ces « erreurs », mais sans en rien dire, de peur des docteurs. Un exemple : Il y a cinq ou six ans, à l'époque où j'étais forcé d'écouter les conseils de ceux-ci et non ceux de la nature, le Cunningham était si bien décrié que je me gardai bien d'en acheter. Un jour, quelques boutures de ce cépage se glissèrent par hasard, et à mon insu, dans une plantation d'Herbemonts. Or aujourd'hui, sur un coteau maigre, aride, desséché, où presque toutes les autres variétés américaines font pauvre figure, cet intrus se développe avec conviction et s'étale comme s'il était chez lui : inutile d'ajouter que je lui fais faire des petits, auxquels je réserve toutes sortes de mauvais terrains, dont se sont dégoûtés.... ne le dites pas.... même des Riparias de bonne maison.

» Cette tribu des Riparias, aussi célèbre que sauvage, aussi capricieuse que multiforme, semble nous traiter, nous autres Européens, avec un sans-gêne tout exotique. Superbe ici et impertinente de végétation exubérante, chlorotique tout à côté, médiocre un peu plus loin, toujours irrégulière.... je ne sais en quoi elle mérite l'engouement irréfléchi qu'elle provoque aujourd'hui. Sa tige, presque toujours trop faible, fléchit sous le lourd Aramon, et n'offre pas, pour résister aux vents violents de la région méditerranéenne, la solide colonne des Solonis et des Jacquez.

» Je préfère ces deux derniers comme porte-greffes au Riparia en sol argilo-calcaire, riche et profond, et lui trouve même le Taylor supérieur en terrain siliceux, profond et frais. Cette préférence n'implique pas sous ma plume une condamnation en règle des Riparias. J'en possède un hectare de forts beaux, âgés de cinq ans, qui, à leur troisième année de greffe, m'ont donné 98 à 100 hectolitres d'un vin vendu 40 francs.

» J'en replanterai encore, mais avec discrétion et après sélection sévère, dans mes pépinières, des sujets vicieux de cette horde indisciplinée. Le Riparia ne sera digne de sa réputation que dans dix ou quinze ans, c'est-à-dire lorsque la sélection naturelle aura éliminé des cultures du Midi les nombreuses déceptions que le public moutonnier se prépare cette année. Mais je me tais : a tort qui médit des puissances du jour. Le Riparia est en ce moment le souverain favori ; il a pour lui le suffrage universel. Puisse, en viticulture comme en politique, cette *vox populi* n'être pas celle du naufrage universel !

» La popularité dont jouit le Riparia devrait bien un peu s'étendre au Rupestris. Je n'en entends jamais parler, et cependant sa vigueur me frappe dans certains sols pauvres et secs, où il dépasse de beaucoup les York et d'autres plus connus. »

Ceci se passe dans le Gard, près de Générac et de Milhaud.

Pour fixer les idées et connaître d'autres régions, voici un exemple très-détaillé pris dans l'Agénois, suivi d'un second, pris en Provence.

Composition du terrain pour 100 kilos :

| | |
|---|---|
| Sable........................ | 10ᵏ500 |
| Argile....................... | 44 500 |
| Carbonate de chaux......... | 41 100 |
| Oxyde de fer............... | 3 900 |
| | 100ᵏ000 |

Sous-sol : 76,400 p. 100 de carbonate de chaux.

Profondeur de la couche arable : 20 à 30 centimètres.

*Variétés venant bien*

Riparia, tomenteux et glabre.. }
Solonis (moins bien)......... } 7ᵉ feuille.

York (moyen), 5ᵉ feuille. (Chétif au début, puis mieux.)

Jacquez, 5ᵉ et 6ᵉ feuilles. (Greffés l'an dernier et cette année.)

Herbemont, 4ᵉ feuille.

Cunningham.... }
Black-July..... } 7ᵉ feuille. *Luxuriants.*

*Variétés venant mal et jaunes*

Clinton. — Taylor. — Concord. — Elvira. — Noah. — Eumelann.

Rupestris, vient mal sans être chlorotique, semble peu durable.

Le champ d'expériences de la ville d'Aix (1) est argilo-calcaire, fortement gypseux ; il a été planté en 1880.

Le Jacquez s'y montre mieux comme produit direct que comme porte-greffe.

(1) Rapport de M. Paul Giraud, 1885.

Le Riparia et le Solonis y sont aussi brillants greffés que non greffés.

Le York's-Madeira, faible au début, se relève depuis deux ans (1).

Le Rupestris, planté seulement en 1883, se tient bien.

Tous les autres plants essayés depuis 1880 ou 1883 (Othello (2), Canada, etc.) sont jaunes, faiblissants ou arrachés. Il résulte de cet examen que, dans le terrain argilo-calcaire gypseux du champ d'essai d'Aix-en-Provence, les Jacquez, Riparias, Solonis et York's-Madeira, sont très-vigoureux après cinq ans de plantation, et que le Rupestris, plus jeune, s'annonce bien.

Un mot, avant de finir, sur deux hybrides dont la résistance et l'adaptation semblent jurer avec l'origine : je veux parler du Vialla (3) et de l'Othello (4) : le premier, hybride de Labrusca ; le second, de Vitis vinifera ou vigne européenne.

Malgré cette incompatibilité apparente entre l'origine et la tenue, l'un est un merveilleux porte-greffe, l'autre un plant direct connu depuis dix ans (5) sans défaillances. Ces faits doivent nous confirmer dans la pensée pratique qu'en fait d'adaptation, il ne faut pas tant chercher ce qui « devrait être », mais ce qui « est. »

---

# LA CHLOROSE

L'adaptation, inconnue exotique aussi capricieuse que cruelle, retient une vengeance toujours prête dans les plis de sa robe aux mille verdures : la chlorose.

C'est généralement par cette maladie que se manifeste l'erreur d'adaptation qui a placé une variété américaine dans un milieu où elle ne saurait vivre.

A côté de ce cas fatal se placent des accidents isolés ou coïncidants, décolorant les feuilles. Cette maladie s'appelle modestement jaunisse ; mais, grandie par l'ère de catastrophes où nous vivons, elle se drape

(1) C'est ce qu'il fait partout.

(2) Il faiblit parfois à quatre ou cinq ans, comme le Ruhland, pour se relever après.

(3) Clinton et Black Hamborg.

(4) Clinton et Labrusca.

(5) Chez M. Guiraud, près de St-Gilles (Gard).

aujourd'hui dans le nom pompeux de chlorose ! Il est utile de remarquer si c'est sur les mêmes souches que cette décoloration se produit chaque année, ou si c'est sur des souches différentes. Dans le premier cas, elle est passagère et sans gravité ; dans le second, elle impose une rapide transformation par greffe profonde du sujet chlorosé en une variété résistant à cette maladie.

Tout arrêt de végétation est causé par un ralentissement de sève, et se traduit par l'épuisement de la chlorophylle, matière colorante des feuilles.

La torsion du pétiole d'une feuille arrête partiellement l'afflux de la sève. Quand une feuille imparfaitement nourrie se décolore, tantôt en été, tantôt au printemps, c'est toujours après un arrêt de sève. C'est l'origine de cet arrêt, dont la chlorose est le signe extérieur, qu'il importe de chercher !

On sait que les racines transmettent au système aérien la sève qu'elles empruntent au sol. Son arrêt dépend du manque d'équilibre entre le rôle actif des racines et le rôle passif de la terre.

Ces relations, quoique souterraines, dépendent de circonstances atmosphériques transmises aux racines par le système foliacé. Nous avons à étudier la question au quadruple point de vue des conditions nécessaires à l'équilibre de la nutrition :

1° Les racines doivent être saines, c'est-à-dire en bon état de fonctionnement ;

2° L'état de la terre doit être normal, c'est-à-dire apte à nourrir des végétaux ligneux ;

3° La nature des racines doit être compatible avec l'état spécial du sol. C'est là le mystère de l'adaptation ; la chlorose est une des conséquences de la mauvaise adaptation de certaines racines à certains sols ;

4° Les circonstances atmosphériques (chaleur, lumière, humidité) doivent convenir à la nature du système foliacé, car son fonctionnement est inséparable de celui des racines.

La première de ces conditions est très-compréhensible : l'état normal est nécessaire pour que des racines remplissent leur rôle, et il faut que le nombre de phylloxéras ne soit pas assez considérable pour entraver leur action et leur accroissement.

L'état normal de la terre, c'est-à-dire l'état dans lequel la terre devrait être avant toute plantation, est une mobilité naturelle ou artificielle, permettant aux racines de s'allonger, de se ramifier et de chercher au loin leur nourriture.

La troisième condition est plus compliquée, car elle est la spécialisation des deux premières dans leurs relations réciproques.

L'extrême du fâcheux, en cette affaire, serait la rencontre {de la compacité maxima de la terre avec le maximum de mollesse des racines; tandis que le summum des bonnes conditions serait celle d'un terrain riche, léger jusqu'à la porosité, avec les racines ficelles et coriaces du Riparia Martin des Pallières.

Enfin la quatrième condition, le rapport de l'état atmosphérique avec le système foliacé, n'a rien de particulier, si ce n'est que l'intensité de la lumière active la décoloration, en surexcitant la vie d'un plant insuffisamment nourri.

On pratique une opération inverse pour blanchir les cardons et les laitues, par privation de lumière ; on supprime ainsi l'appel de la chlorophylle, qui, emmagasinée dans les tissus, ne demande que le grand jour pour reparaître ; tandis que, dans la vigne chlorosée, les sollicitations de la lumière dépassent, vu l'état maladif, les réserves insuffisamment renouvelées de la chlorophylle. Dans l'état sain, au contraire, un apport constant de la matière verte rend de plus en plus intense la coloration de la feuille jusqu'à sa chute.

Il est à remarquer que, plus la végétation est vigoureuse à son début, plus elle subit durement la conséquence des refroidissements printaniers, qui garantissent la nutrition. C'est alors que la matière verte se résorbe et que la chlorose survient. Les novices viticoles croient à une maladie du feuillage due à l'état atmosphérique. S'il en était ainsi, on verrait, comme dans l'oïdium, l'anthracnose et le mildew, des taches intenses et des zones moins atteintes, au lieu de pieds disséminés sans transition, entre les plus verts et les plus jaunes. Ces maladies atmosphériques ont toujours pour agent un parasite, et ici il en faudrait deux, l'un pour jaunir certains pieds, le second pour en rabougrir d'autres, et les deux s'associant, pour écraser les ceps plus faibles sous les deux fléaux à la fois.

Ces conditions fâcheuses présentent une multitude de degrés, de circonstances secondaires venant les modifier; les principales (compacité du sol et faiblesse des racines) combinant le malheur sous une infinité de formes.

Ainsi, étant donné un sol compact, une variété de porte-greffe délicate, ces mauvaises conditions empruntent une amélioration individuelle à l'âge ou à la vigueur du sujet au moment du greffage. Si, à la suite d'une fumure, d'une saison équilibrant humidité et chaleur, ce porte-greffe délicat possède le maximum de vigueur dont il est susceptible, il supportera mieux l'épreuve du greffage qu'un sujet d'une variété robuste, momentanément réduit au minimum de ses moyens par l'inverse de ce qui a favorisé son heureux voisin.

Je cite la greffe comme épreuve, parce qu'elle est le critérium de l'état des relations entre sol et porte-greffe. Quelque parfaite que puisse être la soudure, elle se traduit par des sinuosités de la ligne de jonction (1) formant obstacle au passage de la sève.

Selon que cet obstacle domine ou est dominé par la puissance de la végétation, la double existence du sujet greffé triomphe ou succombe. Dans le premier cas, les feuilles reverdissent; dans le second, la chlorophylle disparaît, cédant la place à la chlorose ou au rabougrissement mortel. C'est le même principe de souffrance et d'arrêt de sève qui, chez les uns, augmente la fructification par la greffe, et chez les autres produit la chlorose, pour peu qu'une ou plusieurs circonstances accessoires contribuent à ralentir la circulation en deçà des limites compatibles avec la vie.

Dans une même vigne, on rencontre des zones, des taches même, où la terre est plus compacte que dans d'autres. Il en résulte que, malgré l'uniformité d'espèce ou même de variété de toute une plantation, on est exposé à la voir se diaprer de toutes les teintes du vert et du jaune, allant jusqu'au blanc; la chlorose reconnaît mieux ses victimes qu'aucun ampélographe, et la greffe est un jugement sans appel. Si, à ces causes de variabilité, nous ajoutons celles dues aux trois cents et quelques formes du Riparia, ou seulement aux huit ou dix classes principales de cette tribu, les variations traverseront tous les degrés séparant la vigueur parfaite de la mort.

Le rôle chimique du sol, par rapport à la chlorose, est encore controversé; et, dans le cas des marnes blanches ou compactes, l'état mécanique suffit pour expliquer l'inhospitalité envers certains cépages, car sa densité s'oppose à la pénétration des racines et sa couleur à celle de la chaleur. Il est à remarquer que tout ce qui favorise l'échauffement du sol est utile contre la chlorose : ainsi, les amendements diviseurs, le drainage, l'emploi d'engrais promptement assimilables, permettent à la plante d'obvier rapidement à l'épuisement de ses tissus. Les cultures profondes améliorent la situation, si elles ne la sauvent pas toujours.

Un propriétaire de haute et pratique science, qui exploite ses vignes avec un succès légendaire, croit à l'action chimique du fer, tandis qu'un savant professeur ne lui reconnaît que celle de sa couleur attirant la chaleur.

Le sulfate de fer (2) a été essayé avec effet alternativement merveilleux ou nul ! Est-ce un cas comparable à celui des poudres contre le

(1) Le mot surface est impropre : il n'y a pas de soudure des *surfaces*, mais soudure de la ligne de jonction des cambium, par interposition de jeunes cellules.

(2) 150 gr. et 100 gr. d'engrais azoté, dans une cuvette, au pied de la souche, avec une *grande* quantité d'eau.

mildew, triomphantes quand le vent du nord leur prête main-forte, piteusement balayées par le souffle humide et chaud du midi. La guérison s'est parfois produite en quarante-huit heures, parfois l'année suivante, ce qui rend le rapport entre la résurrection et le traitement douteux.

On ajoute à ce traitement par le sulfate de fer une grande quantité d'eau qui allége nécessairement le sol, plus 100 grammes d'engrais azoté qui suffisent, étant donnée l'activité que la sécheresse et la chaleur donnent à la transpiration, pour ressusciter, au moins pour un temps, cette expatriée anémique. Si dans un terrain riche et léger un cep se chlorose, c'est qu'il est atteint d'une atonie indépendante du sol, attribuable à un accident atmosphérique ou à sa mauvaise adaptation. Dans ce cas, le fer rend aux racines leur tonicité native, le plant reprend la faculté, momentanément perdue, de se nourrir dans un milieu tout disposé à le faire. Si, au contraire, le cep est actif et vigoureux, mais le sol trop compact ou trop pauvre pour lui céder des aliments, le traitement aurait pour effet de ranimer des fonctions sans emploi ; or de donner faim à qui n'a pas de pain ne serait pas d'un sage.

M. Foëx semble voir la chose dans ce sens, car il dit que l'emploi du sulfate de fer s'est montré inégal dans ses résultats et généralement peu satisfaisant ; il semble que ce qui a été dit ci-dessus explique cette inégalité de ses effets. Le savant professeur croit que le rôle du fer est surtout de concentrer la chaleur dans le sol en lui communiquant des teintes plus foncées. Il cite une planche d'Herbemonts qui jaunissait toutes les années et qu'il a divisée en carrés, dont les uns ont été couverts de coke lavé à l'acide chlorhydrique, d'autres de terre rouge, d'autres de marne blanche, et enfin d'autres laissés dans leur état naturel. Voici les résultats de cette expérience, commencée le 13 avril, terminée le 15 septembre :

| DURÉE des OBSERVATIONS | ÉTAT DU SOL EN EXPÉRIENCE | SOMMES de température | CHLOROSE |
|---|---|---|---|
| 13 avril au 15 septembre : | 1° Sol non modifié. | 3.558.2 | État habituel an. |
| | 2° » recouvert de coke. | 3.813.0 | Amél. teinte vert. |
| 23 avril au 15 septembre : | 3° » » terre blanche du Terral. | 3.264.6 | Aggravation. |
| | 4° » non modifié. | 3.404.6 | État habituel an. |
| | 5° » recouvert de coke. | 3.652.9 | Amélioration. |
| 2 mai au 15 septembre : | 6° » non modifié. | 3.268.9 | État habituel an. |
| | 7° » recouvert de terre rouge de St-Georges. | 3.325.6 | Amélioration. |
| | 8° » recouv. de débris de coke. | 3.513.5 | Amélioration. |

Sous terre, on constatait un écart de plus d'un mois dans la formation des jeunes racines, dans les lots rouges ou noirs et les lots naturels ou plus blancs.

En résumé, on peut croire que les terrains froids, dans les pays chauds, créent un désaccord entre le système foliacé et le système radiculaire, désaccord dont souffrent surtout les variétés accumulant peu d'éléments nutritifs dans leurs tissus. Sollicité par la chaleur, le système foliacé continue à dépenser et épuise les réserves avant l'entrée en activité utile de nouvelles racines ; il se produit alors un intervalle pendant lequel le système foliacé subit un effet analogue à celui imposé à la feuille par la torsion du pétiole, auquel nous revenons encore, tant il reproduit fidèlement la marche de la chlorose.

Le système aérien continue à dépenser, sans que le système radiculaire l'alimente. La chlorophylle s'épuise la première ; la couleur verte ne reparaît que si la nutrition reprend son cours ; sinon le rabougrissement des rameaux vidés de sève suit de près la décoloration des feuilles et des tissus atrophiés. C'est ainsi que, nouvelle cigale, cette oublieuse de la disette printanière se dessèche et périt au milieu des docteurs.

# FLORAISON

La question de la floraison de la vigne a été fortement agitée à propos de la bouillie bordelaise. Doit-on l'appliquer pendant la fleur ?

Certes oui, si le mildew menace, car de deux dangers il faut choisir le moindre ; en cas d'incendie, sauter par la fenêtre est sage, si les chances de se tuer sont moindres que celle de brûler.

Comment ce scrupule a-t-il pu naître dans notre région, si hostile aux petits soins qui font les grands succès de nos voisins ? Cette opération est moins troublante, pour un rameau en fleur, qu'un binage ou un labour.

On a proposé de tremper une manne dans le mélange.

Il est évident que, soumise à cette singulière épreuve, elle est sortie du bain cupro-calcique privée de corolle, de pollen, bref de tous ses moyens, ajoutant une illustration aux dangers des bains chimiques, sans démontrer que la bouillie bordelaise soit plus dangereuse pour la fleur que les imprudences journalières acceptées par la viticulture économique, oubliant que 100 fr. rapportant 95 sont plus chers que 200 en rapportant 300.

Dans les pays vinicoles où de petites quantités de vins précieux font la fortune, on couve la vigne en fleur ; on s'inquiète d'un souffle, d'un brouillard ; tout fait souci, tout fait drame ; car juin remplit la cave, quand la bataille se livre par le calme et l'égalité de température, sinon tous les cépages surpris pendant le moment critique coulent.

Quel est au juste ce moment? La fleur de la vigne, au lieu de tendre sa corolle à la manière des autres fleurs, la porte en parasol; ce qui est prudent, vu la responsabilité dont la chargent les soins reçus et les espérances qu'elle porte !

Or, tant que ce parasol n'est victime d'aucune brutalité, il reste utilement à son poste, protégeant le mystère jusqu'à ce que les anthères aient livré au réceptacle le pollen qui en fait un grain.

On comprend dès lors le danger de l'agitation dans les vignes, pendant que la fortune n'a d'autres liens que ceux qui retiennent la corolle à son cœur parfumé.

La pluie, l'imagination aidant, implique une idée de coulure plus saisissante que vraie ; cette action ne se produit ni par torrent, ni par ruisseau, mais tout simplement par une fausse direction du pollen. Cette poudre légère peut être emportée par le vent, lavée par la pluie, agglutinée par l'humidité, semée à terre par le balancement des sarments amenant l'avortement, appelé coulure, dont le contraire est : 1° conservation du pollen dans son état initial de légèreté et de division ; 2° sa transmission directe des anthères au stigmate, enfin 3° le complet achèvement de ces fonctions avant la chute de la corolle.

Il ressort de ceci que la floraison s'opère entre deux séries de dangers :

1° Les inévitables, causés par le vent, la pluie, la température ;

2° Les évitables, causés par la négligence, l'ignorance et la bêtise humaine, qui tous visent spécialement l'adhérence de la corolle, et que c'est de la protection qu'elle assure à la délicate et discrète évolution de la fleur que dépend la récolte.

Si on est bien persuadé, dans la pratique, que la destinée vient chaque année s'inscrire sur cette minuscule corolle, on la protégera contre une chute anticipant sur l'achèvement de son rôle.

Ce n'est pas sa composition chimique qui rend la bouillie bordelaise dangereuse pour la fleur, mais l'agitation qu'occasionne son emploi et qui peut hâter la chute de la corolle. Une fois ce bouclier tombé, il est évident que la force de projection du liquide brisera les organes de la fleur ; que le pollen mouillé, agglutiné, n'accomplira pas son rôle.

Si au contraire la corolle était tombée naturellement en son temps, par ce procédé de dessèchement qui, chez les fleurs, succède aux œuvres accomplies, le traitement par la bouillie bordelaise serait absolument sans inconvénient, même en inondant la grappe, le fruit étant noué, quoique à peine visible.

Ce qui allonge la période où toute entrée dans les vignes devrait être suspendue, c'est la fâcheuse habitude où l'on est de planter des variétés fleurissant à des époques différentes. Cela prolonge indéfiniment la période dangereuse, vu l'impossibilité en grande culture de faire la part des phases individuelles de la floraison, car il en résulterait une trop longue suspension dans les façons.

Cette année a été si fâcheuse à ce point de vue, à cause d'un printemps froid et tardif, que l'on voyait côte à côte, sur les mannes, des fruits, des fleurs et des boutons.

Concluons. Tout changement de température, toute humidité altérant le pollen ou gênant sa distribution normale, tout mouvement intempestif hâtant la chute de la corolle, se traduisent par une diminution de récolte, sous forme de coulure ; il faut par conséquent :

1° Éviter de planter des variétés fleurissant de trop bonne heure, dans la saison, pour la latitude donnée ;

2° Réunir autant que possible dans les mêmes clos les variétés fleurissant à une même époque ;

3° Suspendre tout travail pendant la floraison, sans distinction aucune, sauf celle imposée par l'approche du mildew, l'application de la bouillie bordelaise étant moins dangereuse que le mildew et, certes, moins nuisible que les binages que jevois pratiquer pendant qu'on suspend le traitement contre le péronospora par égard pour la fleur ! Ces binages, pratiqués autour de ceps bas et forts, ne laissent ni un sarment, ni une fleur, sans leur imposer une vibration fâcheuse ;

4° Éviter toute circulation dans la vigne en fleur. Que ne peut-on en bannir le vent et la pluie.... bannissons-en toujours les hommes, et même les bêtes, comme nous l'enseigne le cantique des cantiques : « Les vignes sont en fleur et elles répandent une agréable odeur ; et vous, nos amis, prenez-nous les petits renards qui détruisent les vignes, car notre vigne est en fleur et ils pourraient l'empêcher de produire son fruit (1). »

(1) Amici, capite nobis vulpes parvulas quæ demoliuntur vineas, nam vinea nostra floruit.

# MALADIES AUTRES QUE LE MILDEW

L'érineum présente à la face inférieure des feuilles un feutrage, correspondant sur la face supérieure à une boursouflure due à la piqûre d'un acarien.

La distinction entre le péronospora et l'érineum est facile : les feuilles ne sont jamais gaufrées dans le péronospora, elles le sont toujours dans l'érineum. Les poils qui tapissent les galles de l'érineum varient de coloration avec les cépages et l'époque: ils sont blancs, violets ou roussâtres. L'érineum est considéré à tort comme tout à fait inoffensif.

Les fonctions des feuilles recouvertes en dessous d'un tissu laineux, et tuméfiées à leur partie supérieure, ne peuvent accomplir régulièrement leurs fonctions.

Tout ce qu'on peut accorder à l'érineum, c'est d'être beaucoup moins dangereux que le mildew.

On a essayé en vain contre lui le sulfate de cuivre, qui est un anticryptogamique. Puisqu'il s'agit d'un acarien, il convient d'employer les insecticides : la nicotine, l'acide phénique ou l'émulsion de pétrole ; ce serait un nouveau travail à ajouter à ceux qu'exige la nouvelle, et je dirai cruelle viticulture.

Les feuilles atteintes par le péronospora présentent à leur face inférieure des taches blanches, de forme irrégulière, ayant l'aspect d'un dépôt de sel finement pilé ; ces taches traversent la feuille et apparaissent jaunâtres sur la face supérieure. Elles sèchent, se détruisent, et si la feuille est envahie en entier, elle tombe.

Les feuilles mildiousées sont lisses. Elles sont gaufrées à leur face supérieure dans l'érineum. Les poils ras qui remplissent l'intérieur des galles d'érineum sont adhérents, tandis que les efflorescences blanches de ce dernier se détachent facilement.

La boursouflure de l'érineum reste verte ; mais en vieillissant, les poils roussissent. A l'automne, on voit des points jaunes et bruns circonscrits par des sous-nervures. Ils sont comparables à des points de tapisserie. Quand les feuilles se décolorent, quelques-unes restent vertes, d'autres deviennent rouges, selon la variété.

Le mildew gagne parfois les parties herbacées ; alors les fleurs coulent ; le tissu des rameaux, pédoncules et pédicelles, s'affaiblit sans excoriations ; les grappes sèchent, les grains sont parfois atteints avant la véraison, et les fructifications du péronospora arrêtent leur développement.

L'érinéum ne produit pas des malheurs pareils. On aperçoit des boursou-
flures à la surface supérieure de la feuille, dont la cavité inférieure est
garnie d'un duvet court, blanc, gris, argenté ou doré, ou quelquefois
rouge, souvent brun. Cette boursouflure ou verrue, parfois unique, est le
caractère spécial de l'affection.

La tache lisse jaune brun, qui dans le mildew se produit sur la face supérieure de la feuille, n'existe pas dans l'érineum.

Jusqu'en 1850, on a attribué ce mal à un champignon parasite du genre
oïdium ; des observations microscopiques ont fait découvrir un acarien,
le *Phytoptus vitis*, logé dans chaque bosselure. Sa constitution n'est pas
intéressante, mais les conditions dans lesquelles il est nuisible méritent
attention. Les œufs sont enduits d'une substance glutineuse. Après quatre mues, l'insecte se reproduit et se blottit sous les feuilles ; il y enfonce
son suçoir et provoque ainsi la boursouflure pendant toute la saison des
feuilles. En hiver, on le trouve dans la bourre des bourgeons, où sa résistance au froid est considérable ; il s'engourdit et reprend la vie avec la
végétation.

On n'a encore trouvé aucun traitement donnant de bons résultats.

L'anthracnose suit de très-près l'érineum, sans que l'un soit la conséquence de l'autre. Il est probable que la piqûre du *Phytoptus vitis* provoque une moisissure préparant le terrain à l'anthracnose. L'érineum est,
dit-on, fréquent sur les greffes de première et deuxième année. Aussi l'ac-
cessibilité de certains cépages à l'érineum doit prémunir contre l'anthracnose, qui sévit principalement sur les souches affaiblies ou gelées. On
a vu des merlots non gelés rester indemnes, et ceux ne portant que des
bois gelés, ou venus après la gelée, en être criblés.

En effet, un cep gelé ne peut élaborer les matériaux nécessaires à son
existence ; ses vaisseaux éclatés ne pouvant transporter la sève normale-
ment, les cellules présentent par ce fait des conditions favorables à l'invasion de l'anthracnose.

Voici le remède le plus longuement expérimenté jusqu'ici : avant la
sève, déchausser et badigeonner les souches au pinceau avec une solution de 50 kilog. de sulfate de fer par hectolitre d'eau.

Un autre système, moins pratiqué, peut-être plus actif, à coup sûr
plus dangereux et incompatible avec la grande culture, consiste à appliquer hardiment et en pleine végétation, avec un pinceau, une solution
de sulfate de fer, en ayant soin de ne toucher ni feuilles, ni mannes, car le
contact de la solution les désorganiserait.

Le badigeonnage détruit les nouvelles cultures du parasite, c'est-à-dire
la production de mars à mai ; il cicatrise les plaies, préserve la manne
de la coulure, effet que le badigeonnage de février ne peut produire, quelques germes échappant nécessairement en hiver et entrant en végétation
en mai.

Ce dernier procédé peut être bon en petite culture soignée ; mais je le mentionne sans le conseiller, tandis que le traitement d'hiver donne des résultats connus et satisfaisants à peu de frais.

Il semble avéré que les souches badigeonnées débourrent plus tard que les autres, ce qui est une garantie contre la gelée. L'acide sulfurique arrête l'anthracnose ; mais c'est un remède trop dangereux dans la pratique. De même que le sulfate de fer, employé en aspersions, il désorganise les tissus. Le soufre et autres poudres sont inefficaces, parce qu'elles n'atteignent pas les sporules, dont fourmille le vieux bois. Le lait de chaux, largement employé, enraye évidemment l'anthracnose sans exercer de fâcheux effets, et complète au besoin l'effet du badigeonnage d'hiver au sulfate de fer.

Le traitement au sulfate de cuivre et à la chaux combat aussi le rot, que M. Millardet a le premier, en Europe, décrit et figuré (1883). Cette variété est le développement du mildew sur les divisions des grappes et dans l'intérieur des grains. C'est la plus commune en Amérique et la plus importante pour nous. On en connaît une autre, suite de l'antrachnose, qui affecte aussi la grappe. Enfin, il en existe une troisième, causée par un champignon du genre Phoma, découvert cette année par MM. Viala et Ravaz, près de Montpellier (1), qui serait très-grave s'il s'établissait en France.

Lorsque M. Millardet a dit que le traitement du mildew prévenait également le rot, il avait en vue la variété qui se rattache au mildew.

En effet, prévenant le mildew, on prévient sa suite aggravée, soit l'invasion de la grappe par le même parasite.

----

# PARALLELE ENTRE LA VITICULTURE DU GARD
## ET CELLE DE L'HÉRAULT

Aux premières années du siècle, quelques propriétaires du Gard (2), plus hardis que les autres, commencèrent à défricher les garrigues pour y planter de la vigne.

----

(1) Voir la description de MM. Viala et Ravaz dans les *Comptes-rendus* de l'Académie des sciences (n° 10 du) septembre 1885.

(2) A leur tête, ma grand'mère, Mme de Baguet, veuve à vingt-deux ans, en 1802, entreprit de créer Saint-Bénezet, et s'y enferma jusqu'en 1818.

Dans l'Hérault, en 1816, M. Cazalis-Allut acheta le domaine des Aresquiers, le défricha et en fit le modèle et l'exemple qu'on admire encore aujourd'hui.

Dans les deux départements, les plaines produisaient des céréales coûtant peu, se vendant cher.

Pour le Gard, le rapport du produit, argent, entre vins et céréales, était, en 1808, comme 1 est à 6.

Plus tard, les facilités de transport, en augmentant le prix du vin, réduisirent le rôle des céréales à celui de « caisse en nature », nourrissant et payant hommes et bêtes sans laisser d'autre bénéfice que le travail fait à la vigne. Chaque semaine, on vendait du blé au cours pour faire la paye ; tandis que le vin, vendu à la récolte, était considéré comme bénéfice net. Ceci constitue une seconde phase très-regrettée, dont je me souviens encore !

Les vins de coteaux se vendaient mieux et coûtaient moins que ceux d'alentour. Le terrain, plus profond que riche, nourrissait peu de mauvaises herbes ; les cépages, érigés pour la plupart, donnaient plus de fruits que de bois, et, malgré leur nombre de 3,700 à 4,000 à l'hectare (1), laissaient passer l'araire en tous sens jusqu'à l'été ; quelques journées pour enlever les herbes auprès des souches en juillet, un déchaussage à prix fait par des « rayaoux » (2), constituaient alors, comme encore aujourd'hui, la culture peu chère et très-lucrative des vignes sur ces terrains.

L'impulsion vinicole s'accentuant, les plants à grande production envahirent les plaines du Languedoc, le Terret-Bourret celles du Gard, tandis que l'Aramon posait la première pierre de la fortune de l'Hérault.

Les gens de l'Hérault comprirent de suite que la fortune ne s'enchaîne qu'avec des liens d'or ; quittant la qualité, ce n'était pas la moyenne, mais la très-grande quantité qu'il leur fallait chercher. Ceux du Gard, au contraire, offrant à l'Aramon le maigre brouet dont se contentait l'Espar, voyaient s'envoler les promesses de ce prodigue.

La question des grandes et des petites races se posait entre les deux cultures : L'économie est-elle de donner peu en pure perte ? Est-elle de donner beaucoup pour recueillir plus ? La réponse se trouve dans les grandes fortunes qui se firent dans l'Hérault de 1852 à 1873, autrement dit pendant la période qui sépare l'oïdium du phylloxéra, tandis que la répartition de la propriété resta sensiblement la même dans le

(1) Mesure inconnue alors dans le pays ; mais les vieilles vignes prouvent l'exactitude de ce chiffre.

(2) Gens de la Lozère ou de l'Auvergne, qui passaient dans le Midi le temps des neiges ; les chemins de fer les ont fait disparaître.

Gard. L'Hérault, ouvert au progrès, adopta la charrue partout où elle pouvait réellement remplacer la main-d'œuvre; le Gard s'obstina: au lieu d'adapter la culture à la vigne, il adapta la vigne à la culture ! Autant vaut couper le pied que le soulier blesse ! Espérant dominer les herbes d'été dans les vignes rampantes de la plaine, on réduisit le nombre des souches pour faire place à la charrue, et c'est ainsi que les plaines, pouvant nourrir plus de pieds que les coteaux, se trouvèrent en nourrir moins (1). Ici, il y a un compte à faire : celui de l'économie réalisée, comparée au manque à gagner correspondant ! Le but à atteindre est de tirer d'un hectare de terre tout ce qu'il peut donner avec la plus petite dépense possible ; or tout effort excessif est cher, et celui demandé à 2,500 souches de produire autant que 4,000 ne coûte-t-il pas plus que d'exiger la production normale de 4,000 ? Nous savons par comparaison qu'un même poids semble plus lourd porté par un doigt que s'il l'est à pleine main.

Le phylloxéra ayant fait table rase, nous reconstruisons aujourd'hui la viticulture sur des bases tranchées, soit : d'un côté, quantité moindre, qualité supérieure avec la faible dépense des vignes de coteau à grand écartement ; de l'autre, inspirons-nous généralement de la culture ; mais en plaine, oublions le coteau ; sur le coteau, oublions la plaine !

Avec le phylloxéra, un autre malheur américain est entré en scène et inaugure la troisième et plus malheureuse phase économique des céréales en ce siècle. Après avoir formé: 1° la récolte principale, 2° la caisse en nature (2) supportant seule les frais de la vigne, bénéfice net, les céréales sont devenues le ver rongeur de l'agriculture méridionale, j'ose avancer le fait ; il sera contesté, mais excepté pour celui qui se paye à lui-même une journée ardente et active, dont le pain quotidien est l'objectif sensible, il est difficile de prouver que la moyenne de cinq années de cette culture donne un résultat tangible dans le Gard.

Dans ce département, où le vent sec fait rentrer la végétation de printemps en terre, l'hectare donne peu de fourrage, par conséquent peu de fumier pour l'hectare voisin, qui se venge par son avarice en blé, en racines... Bref, chaque année de ce cercle vicieux éloigne le but théorique (je n'ose même dire « cherché », tant petite y est la foi), qui serait l'amélioration du capital en fixant l'augmentation du revenu.

Une considération secondaire en apparence, mais qui devient, par

_____

(1) Nous reviendrons là-dessus au chapitre *Plantation*; c'est intéressant !

(2) Le blé se vendait alors 74 francs la salmée (2 hectolitres).

le fait, de première importance économique, c'est tout ce que les herbes d'été dérobent au raisin pendant la trêve qu'elles doivent à la moisson ! Ce que les chardons grainent, ce que le chiendent trace pendant ces six semaines de juin et de juillet, ne peut se compter que par la diminution de la récolte et les frais excessifs de main-d'œuvre actuelle et future que cet arrêt de façons inflige !

Si le chiffre était précisé et déduit d'une bonne année de grains, le résultat serait anéanti ; défalqué d'une mauvaise, la perte devient flagrante.

Dans l'Hérault, bien que le sol soit plus riche, les pionniers de la viticulture intensive, travaillant eux-mêmes avec entente et économie, s'aperçurent vite que le vin d'un hectare payait plus de nourriture et d'engrais que plusieurs n'en produisaient ; que de spécialiser la culture, c'était réduire les frais fixes et cultiver mieux. Dans le Gard, l'usage d'occuper toute l'année un même personnel grève la vigne d'une charge plus frappante encore que dans l'Hérault, où, malgré la supériorité des terres, cette vérité est mieux comprise.

En principe, on peut affirmer en viticulture comme en toute chose :

1° Que ce qui est réellement et immédiatement utile n'est jamais cher ;

2° Que le bon marché est cher quand le besoin n'est ni immédiat, ni impérieux ;

3° Qu'il est très-cher de laisser les herbes d'été envahir les vignes pendant la moisson ;

4° Que, les années où les fourrages et les céréales sont abondants, on achèterait sa provision moins cher en la payant en argent, qu'en engrais et en travail ;

5° Que, lorsque les marchandises sont rares, cette rareté s'accentue dans les pays secs ; de sorte que, malgré les grandes étendues, l'achat d'un supplément s'impose, et que ce rachat, même par les années chères, coûte moins que leur production.

Dans le Gard, le rôle utile des cultures non arbustives est restreint à quelques plaines fraîches et riches, d'autant meilleures pour les céréales et les fourrages qu'elles sont plus dangereuses pour la vigne, leur richesse même les exposant au mildew, à l'anthracnose, à la gelée, etc. Ces cultures n'ont leur raison d'être que pour préparer d'anciennes vignes arrachées à en recevoir de nouvelles. Pendant que nous étions privés de vignes, tout a été essayé : céréales, fourrages, racines, distilleries, bêtes à cornes, moutons, chevaux ! Le résultat maximum a été la transformation gratuite des produits en fumier ; l'intérêt du capital, les impôts et les frais généraux, grevant la propriété foncière, de telle sorte que la pauvreté croissait avec son étendue.

Quand la reconstitution des vignobles sera complète, les fumiers, devenus insuffisants, seront attribués aux coteaux, où les herbes d'été sont peu à craindre ; tandis que les économies résultant de la suppression de la culture mixte et l'augmentation des recettes permettront l'achat de tourteaux, de potasse, d'acide phosphorique. C'est alors que chaque hectare, généreusement mais sagement traité, rendra deux ou trois fois sa dépense.

L'écart entre la culture large et raisonnée, et la culture parcimonieuse et illogique des cépages à grand rendement, pourrait presque se poser ainsi, en prenant pour type les deux départements que nous étudions :

|  | DÉPENSE | PRODUIT | | TOTAL | |
| --- | --- | --- | --- | --- | --- |
|  | Hectare | Hectolitres | Prix | Brut | Net |
| Hérault... | 400 fr. | 80 | 20 fr. | 1,600 fr. | 1,200 fr. |
| Gard..... | 300 | 40 | 20 | 800 | 500 |

Ces calculs ne sont vrais que pour des périodes passagères ; car, lorsque la vigne rapporte autant, la plantation et la production s'exagèrent jusqu'à l'avilissement. Le vin de qualité supérieure traverse seul, sans dépréciation, ces crises périodiques, car il vise le buveur, non le revendeur.

Trois fois, en cinquante ans, j'ai vu donner le vin à qui l'emporterait, pour faire place à la vendange. Une situation de ce genre allait se produire lors de l'invasion du phylloxéra, et se reproduirait prochainement, si ce fléau ne menaçait l'Algérie, l'Italie, l'Espagne ! Cette circonstance rend la phase dans laquelle nous entrons très-exceptionnelle, quoique alourdie par la concurrence qui la menace. Ceux du Gard, qui espèrent lutter par la quantité seule, vont au-devant d'une trop grosse armée et lâcheraient la proie pour l'ombre ; tandis qu'en soignant leurs vins de grès, aucun pays ne viendra les battre sur ce terrain d'exception et du travail intelligent. La production variera entre 30 et 60 hectolitres, se vendant, bon an mal an, 40 francs. Les frais ne dépasseront pas 300 francs l'hectare.

La production de l'Aramon dans les plaines de Nimes oscillera entre 60 et 100 hectolitres à l'hectare (pouvant descendre au-dessous de 10 fr.), sans jamais approcher des rendements fabuleux de l'Hérault. C'est pourquoi, écoutons un grand chef de la viticulture moderne, répondant à l'admiration manifestée pour les riches plaines de l'Hérault :

« Le Gard a ses coteaux siliceux, donnant des vins supérieurs que nos plaines ne sauraient produire ! » L'espoir est là, en effet ; mais c'est de loin qu'il faut préparer ce vin exceptionnel par le discernement dans le greffage, échappant ainsi aux aléas des ventes en gros et à la concurrence des vins algériens ; ils ne sont aussi inférieurs qu'on le dit que faits par des chefs de gare et autres non spéciaux ; aussi les vins de M. Alcay, de Générac, et ceux de la Société Algérienne à Amourah pesant 12° et 15°, sont-ils excellents parce qu'ils sont faits par des spécialistes de l'Hérault et du Gard ? Il y a donc lieu de s'inquiéter de l'abondance future, quoique les nouveaux vignobles voient le phylloxéra creuser le gouffre qu'ils auront à franchir. Tous ces planteurs préparent à la vigne le « monde de demain », qui, pour les blés, est déjà celui d'hier ! Mais laissons parler M. de Grancey (1) :

« A l'heure présente, dit-il, il n'en coûte pas beaucoup plus cher d'apporter un quintal de blé de Omaba, par exemple, dans le Far-West, que de Chartres à Paris... Ces frais de transport seront encore notablement réduits le jour où la construction d'un canal permettra aux transatlantiques d'aller s'amarrer directement au quai des élévateurs de Chicago.

» Puisqu'il en coûte à peu près le même prix pour amener du blé d'Omaba à Paris, il n'y a aucune raison pour que la terre des environs de Chartres ait plus de valeur que la terre des environs d'Omaba. Or celle-ci se vend couramment 20 francs l'hectare. Donc celle des environs de Chartres doit tomber jusqu'à ce qu'elle ne vaille plus que 20 francs l'hectare. »

Pour que le progrès nous serve au lieu de nous frapper, restons dans les sphères élevées de la viticulture. Il est en toutes choses des hauteurs auxquelles le vulgaire ne saurait prétendre ; et, en combinant la supériorité des milieux avec l'esprit de travail, les deux départements reconstitués du Languedoc atteindront le maximum de la richesse viticole, l'un par la quantité, l'autre par la qualité.

Cette dernière entreprise est ardue, et les gens qui remontent le courant du passé pour y rechercher la perfection de l'avenir sont rares !

Ne suivons pas la foule, car la horde des imitateurs se précipite dans un pactole épuisé, alors que l'initiateur remonte la rive, emportant une paillette d'or à chaque fil de ses vêtements ; le limon seul reste aux retardataires.

En dehors de ces tardifs, il reste les vétérans, ne parlant pas encore volontiers le français ; ceux-là prennent l'Amérique pour un vain mot, croient que « l'an qué ven » (2) le blé remontera à 74 francs la salmée ; ils croient aussi que le phylloxéra disparaîtra, et ils gardent sournoisement la place pour la vigne française, qui reviendra ! Quand on serre leurs théories de trop près, l'esprit leur tient lieu de logique, et voici,

(1) Voir *le Correspondant*.
(2) L'année prochaine.

textuellement, comment un fidèle de l'assolement de 1840 défendait son idée. Jean Dorthe, surnommé le Goppe, grand artiste en céréales, exerce ses très-réels talents à préparer, par des cultures variées, d'anciennes vignes à bon vin à en recevoir de nouvelles. Cela ne rapporte rien qu'un excellent berceau aux Rupestris pendant qu'ils naissent en pépinière. Jeune d'esprit, vieux d'expérience, il me disait, en foulant les cailloux qu'il cultive depuis tantôt quarante ans :

« — Aqui i' a de bla, un bèu bla; aqui d'ordi, ici de sivado. Dinc un bèn, fau de tout.

» — Amai d'aubre fruché?

» — Oi, n'ai planta, més soun mort. Aqui i' avié un bèu bla.

» — De qu'a rendu?

» — D'aco, n'en parlan pas!

» — Alor de que servis, se raporto pas ren ?

» — Acò orno (1)! »

Ce fut le seul argument en faveur du système.... de cet artiste en céréales ès cailloux... Est-il suffisant ?

(1) « — Ici il y a du blé, un beau blé; là de l'orge, ici de l'avoine. Dans un bien, il faut de tout.

» — Et des arbres fruitiers?

» — Oui, j'en ai planté, mais ils sont morts. Ici il y avait un beau blé.

» — Qu'a-t-il rendu ?

» — Cela, n'en parlons pas!

» — Alors à quoi sert-il, si cela ne rapporte rien?

» — Cela orne! »

Montpellier. — Imprimerie centrale du Midi (Hamelin Frères).

## HAMELIN FRÈRES, ÉDITEURS

### (IMPRIMERIE CENTRALE DU MIDI)

À MONTPELLIER

26e ANNÉE

**8** fr. par an pour toute la France.

par an, fr. pour toute la France **8**


# LE
# MESSAGER AGRICOLE

### REVUE DES ASSOCIATIONS ET DES INTÉRÊTS AGRICOLES

## DU MIDI

*Publié sous la direction de M. le docteur Frédéric CAZALIS*

Cette publication, rédigée par les agronomes les plus distingués du Midi, traite, d'une manière spéciale, de toutes les cultures méridionales et notamment de la vigne. Toutes les questions qui y sont relatives, particulièrement celles qui se rattachent au *phylloxéra*, au *mildew* et aux moyens de combattre ces fléaux, y sont traitées avec autant d'impartialité que de compétence. L'autorité du *Messager agricole*, à ce point de vue, est aujourd'hui incontestée.

Le journal paraît une fois par mois, par livraison d'environ 40 pages grand in-8°, et forme chaque année un volume d'environ 500 pages.

Les abonnements partent tous du 10 janvier et ne sont pas reçus pour moins d'un an.

**On s'abonne en envoyant un mandat-poste de** *huit francs* **à MM. HAMELIN Frères** (*Imprimerie centrale du Midi*), **à Montpellier.**